Couvertures supérieure et inférieure
manquantes

EXTRAIT DU MONITEUR UNIVERSEL

Du 4 décembre 1867

LA SÉPARATION

DE

L'ÉGLISE ET DE L'ÉTAT

DISCOURS

PRONONCÉ AU CORPS LÉGISLATIF

Dans la Séance du 3 décembre 1867

PAR

M. JULES SIMON

(Député de la Seine)

VERSAILLES

IMPRIMERIE CERF, 59, RUE DU PLESSIS

1867

Extrait du Moniteur universel du 4 décembre 1867

DISCOURS

DE

M. JULES SIMON

Député au Corps Législatif

M. le Président Schneider. La parole est à M. Jules Simon.

M. Jules Simon. Messieurs, l'honorable M. Chesnelong, dans le discours que vous venez d'entendre, a parlé de la religion chrétienne, des services qu'elle a rendus à la civilisation, de son caractère profondément humain et libéral.

Je n'ai en aucune façon à répondre à cette partie de son discours; ni M. Jules Favre, moi, ni aucun de mes amis, n'avons à discuter une question de cette nature.

Je monte à cette tribune pour parler de la question de la papauté temporelle, et non pas de la question de la papauté spirituelle. Il s'agit des intérêts matériels du pape: il ne s'agit ni de la nature de la religion chrétienne, ni de son passé, ni de son avenir.

Je fais cette déclaration, parce que je n'ai pas besoin d'accumuler autour de moi les difficultés; celles que j'ai à affronter sont déjà assez grandes.

Si j'avais à parler du christianisme en lui-même, c'est-à-dire de la foi, je me croirais obligé de déclarer que je professe et que j'ai professé toute ma vie le respect le plus profond et le plus sincère pour toutes les croyances également sincères. *(Bruits divers.)*

Je parle de mon respect pour les croyances sincères, parce qu'il y a certaines déclarations de principes à la sincérité desquelles personne ne peut croire; et celles-là m'inspirent précisément tout le contraire du respect. Cette distinction est juste et elle était peut-être nécessaire.

Quand j'ai entendu l'honorable M. Chesnelong parler de la liberté de conscience et du respect qu'on doit à ce grand principe, qui est le premier de tous, parce qu'il est le fondement et comme la matière de la liberté, je me suis associé à ses paroles et à ses sentiments; mais où le désaccord commence entre M. Chesnelong et moi, c'est quand il applique à la question romaine le principe qui nous est commun. Voici son argumentation, qui n'est nouvelle ni pour moi ni pour vous, et qui, je le reconnais volontiers, n'est pas sans valeur.

Autrefois, quand on voulait démontrer la légitimité du gouvernement temporel du pape, on avait recours à des arguments historiques; on parlait des donations de Pépin et de Charlemagne, de la renonciation de l'empereur Charles IV entre les mains de Clément VI et d'Innocent VI : arguments surannés, qui ne méritent pas l'honneur d'une réfutation. Il n'en est pas de même de celui que développait tout à l'heure l'honorable M. Chesnelong; il est soutenu, — M. Chesnelong en est la preuve, — par des esprits sérieux, et qu'on ne peut réfuter sans éprouver pour eux et pour leurs opinions un certain respect. *(Rires sur plusieurs bancs. — Très-bien ! à la gauche de l'orateur).*

Le pape, dit-on, est le chef de la religion catholique. — Il l'est en effet, et je pourrais presque dire qu'il l'est de plus en plus ; car, à l'heure qu'il est, tous les pouvoirs qui autrefois appartenaient à l'Église universelle sont concentrés dans sa main. — Ce chef de la religion catholique a sur les croyances et sur les opinions des fidèles une influence considérable ; il définit la foi, et par conséquent il faut qu'il exerce sa mission spirituelle dans la plénitude de son indépendance, à tous les points de vue possibles.

Cette indépendance ne serait pas complète si le pape avait un souverain, s'il dépendait, même pour les intérêts matériels, d'une autre puissance. Or le seul moyen de l'affranchir de toute domination, c'est de le faire roi lui-même, de placer autour de lui un espace de terre où il exerce l'autorité temporelle, comme il exerce la souveraineté spirituelle dans toute l'étendue du monde catholique.

C'est donc en vertu de la liberté de conscience qu'on demande le maintien de la souveraineté temporelle du pape.

Voilà, si je ne me trompe, le seul argument sérieux, et c'est à celui-là, messieurs, que je viens répondre.

Je pourrais assurément m'étonner de deux choses : c'est d'abord qu'on oublie absolument les droits de ce troupeau humain qu'on va soumettre, coûte que coûte, à la domination du pape, pour assurer la sécurité des catholiques. *(Très-bien ! à la gauche de l'orateur.)*

C'est ensuite l'espèce de laisser-aller avec lequel on sacrifie aux scrupules d'une Église les croyances de tous les dissidents. N'est-il pas étrange, en effet, que la souveraineté temporelle du pape soit en même temps nécessaire à la liberté des catholiques, et mortelle à la liberté du reste du monde ? (*Approbation à la gauche de l'orateur.*)

Mais ce n'est pas par ce côté-là que je prends l'argument ; je le prends par son rapport à la situation actuelle, telle que la politique de ces dernières années l'a faite, et je dis : Avez-vous vraiment besoin que le pape soit roi ? Non, ce n'est pas ce que vous prétendez ; vous avez besoin qu'il ne soit pas sujet. Eh bien ! qu'est-il à l'heure qu'il est ? C'est un roi protégé. (*Très-bien ! à la gauche de l'orateur.*)

Je demande quelle est la différence entre un roi protégé et un roi sujet, quand il s'agit de l'exercice indépendant de la papauté spirituelle. (*Approbations sur quelques bancs. — Réclamations et murmures sur d'autres.*)

M. Berryer. Pas protégé, mais respecté.

M. Jules Simon. Pour que ma pensée soit claire, je vais m'expliquer sur la protection, dire en quoi elle consiste, et montrer qu'elle est désormais la condition fatale de la papauté temporelle.

Le pape est souverain à Rome, c'est à cette condition que la France le protége. Si la France retire sa protection, je veux dire, si elle retire son armée, la souveraineté temporelle du pape disparaît. (*Très-bien ! à la gauche de l'orateur.— Dénégations sur plusieurs bancs.*)

Cette vérité a été évidente pour le monde entier, et pour le pape lui-même, le jour où l'unité italienne a été faite. Ce jour-là, le pape a compris, et le monde a compris que pour que la papauté temporelle subsistât, il fallait à Rome une armée étrangère. (*Réclamations diverses.*)

M. Granier de Cassagnac. Si on n'envoyait

pas des brigands contre Rome, l'armée étrangère serait inutile.

M. Jules Simon. Le Gouvernement de la France serait doublement inexcusable d'avoir envoyé une armée à Rome, si cette armée ne lui avait pas paru nécessaire pour le maintien de la souveraineté du pape. (*Très-bien! à la gauche de l'orateur.*) Il a donc fait une expédition, et cette expédition a duré plus longtemps qu'on ne s'y attendait en la commençant, si nous en croyons les déclarations qui furent faites au début. Quand enfin, devant l'énormité des dépenses et les réclamations de l'opinion publique, on a été obligé de retirer l'armée, est-ce que la nécessité de défendre le pape par une armée étrangère n'existait plus? Non, messieurs, ce jour-là, comme au début de l'expédition, la France pensait, le monde pensait, le pape pensait que le pouvoir temporel ne pouvait se maintenir que par le concours de nos armes. En conséquence, avant de rapatrier nos régiments, nous avons eu soin de les remplacer par une division de l'armée française sous le nom de légion d'Antibes. (*Très-bien à gauche de l'orateur.*) Division composée de nos soldats, commandée par nos officiers, soumise à nos règlements et à notre pénalité militaire, récompensée par l'avancement comme les officiers de l'armée régulière, inspectée par nos généraux, surveillée de loin par notre ministre de la guerre, ne différant en rien de l'armée française, excepté par la cocarde que les soldats qui la composaient portaient à leurs shakos, — une différence grande comme ceci. (*L'orateur indique la longueur de son doigt. — Rires sur plusieurs bancs. — Très-bien! très-bien! à la gauche de l'orateur.*)

Quand la légion d'Antibes a été rendue à Rome, et quand elle a été reçue, inspectée et bénie par le pape, c'est alors seulement que nous avons cru pouvoir retirer nos troupes. Cette double opération avait été précédée du traité du 15 septembre.

Ai-je besoin de me demander après cela si le traité du 15 septembre impliquait de la part de la France la pensée que le gouvernement pontifical pouvait désormais se passer de notre secours? Mais quand nous n'aurions pas ce grand fait de la légion d'Antibes relevant la brigade Polhès, n'est-il pas évident que le Gouvernement français n'a jamais cru, qu'il n'a jamais pu croire que l'Italie obéirait aux stipulations du traité? (*Exclamations ironiques sur quelques bancs.*)

Vous allez en juger.

On imposait à l'Italie le devoir de respecter et de faire respecter la frontière, en lui déclarant que dans le cas où une invasion quelconque aurait lieu, le Gouvernement français s'empresserait de rentrer sur le territoire qu'il venait d'évacuer.

Or, quelle était la situation de l'Italie? L'Italie pouvait-elle admettre cette enclave formée par le gouvernement pontifical, et qui était comme une terre de refuge pour tous les ennemis de l'unité italienne? (*Oh! oh!*)

Les faits le démontrent. A peine l'unité de l'Italie était-elle faite, que les plus importants parmi les souverains déchus et les ennemis de l'unité venaient chercher un refuge à Rome. (*Mouvements divers.*)

Remarquez bien, messieurs, que je ne fais aucun reproche au gouvernement pontifical de les avoir accueillis. Loin de là, je l'en honore; je ne lui demande en aucune façon de ne pas être hospitalier, je ne lui demande pas surtout de ne pas l'être pour ceux qui partagent ses sentiments et ses vues ; seulement, je dis que c'est le fait, que c'est la réalité, et que Rome est immédiatement devenue le Coblentz de l'Italie moderne. (*Rumeurs sur plusieurs bancs. — Approbation à la gauche de l'orateur.*

Dans cette situation, le gouvernement italien devait regarder Rome comme un adversaire ... (*Réclamations.*) Il le devait, messieurs, il ne pouvait pas ne pas la regarder ainsi et ne pas désirer que la principauté temporelle du pape disparût. En effet, il l'a souhaité dès le premier jour et il le souhaite encore aujourd'hui.

L'Italie s'est divisée en deux camps : ceux qui veulent immédiatement supprimer la principauté temporelle du pape et ceux qui consentent à ajourner cette suppression. Il n'y a pas de troisième parti. (*Rumeurs sur plusieurs bancs.*)

Non-seulement le traité du 15 septembre imposait au gouvernement italien l'obligation de ne jamais franchir la frontière pontificale, mais il lui enjoignait de s'opposer à toute tentative du parti avancé pour transgresser cette loi. Or, le parti avancé, en Italie, avait un passé et des habitudes que notre Gouvernement connaissait à merveille. C'est le parti avancé qui a fait l'Italie... (*Vives exclamations*).

Sur quelques bancs, à la gauche de l'orateur. Oui ! c'est vrai !

Plusieurs membres. Et la France ?...

M. Eugène Pelletan. C'est le parti avancé qui a conquis Naples et la Sicile !

M. Jules Simon. C'est ce parti qui, un jour, est allé conquérir l'Italie méridionale, et qui, provisoirement désavoué par l'Italie septen-

*

trionale, en a été acclamé le lendemain de la victoire. C'est de cette manière que l'Italie accomplissait son unité. (*Rumeurs diverses.*)

Messieurs, c'est un fait. (*Assentiment à la gauche de l'orateur.*) Et cela étant, comme il est impossible de le nier, quand même le gouvernement italien aurait assumé cette tâche difficile d'empêcher l'action de Garibaldi, qui une première fois lui avait donné la moitié de son territoire... (*Mouvements divers*) la question était de savoir s'il l'aurait pu. (*Interruption.*) Je me demande, en vérité, comment le gouvernement italien, avec les souvenirs encore vivants de la conquête de Naples, avec la passion des populations pour l'achèvement de l'unité nationale, avec le prestige qui s'attache au héros de la Sicile et de Naples... (*Rumeurs sur plusieurs bancs.*)

Un membre. La France n'a donc rien fait pour l'unité italienne ?

M. Jules Simon. Je me demande, dis-je, comment le gouvernement italien, en présence de l'animation des esprits grondant autour de lui, menacé qu'il était d'une révolution dont on ne peut calculer les suites, je me demande comment il aurait fait pour protéger à main armée cette frontière ouverte.

L'entreprise n'aurait pas été facile, même pour un gouvernement paisible et sûr de lui-même.

Je prends les documents qui nous ont été soumis, ces documents imprimés qui, suivant l'observation de mon ami M. Pelletan, devaient être un dialogue, et ne sont qu'un monologue ; et je trouve cette mention dans une dépêche de M. de Moustier, en date du 18 octobre 1867 :

« M. Nigra a été chargé de me dire que les

plus grands efforts étaient faits sur la frontière des États pontificaux pour mettre obstacle aux tentatives des bandes révolutionnaires qui essaient de la franchir. Mais l'étendue de cette ligne, a-t-il ajouté, en même temps que la configuration du sol, rendaient cette tâche impossible. »

Et, dans la dépêche du 30 octobre 1867, adressée par le général Menabrea aux agents diplomatiques italiens, je lis ce qui suit :

« Eu égard à la configuration topographique des lieux, au développement considérable de la ligne qu'il fallait surveiller, et en tenant compte du droit qu'a tout citoyen de voyager librement, on conçoit qu'il était d'une impossibilité absolue pour le corps d'observation, d'empêcher avec succès de semblables faits. »

Telles sont, messieurs, les allégations du gouvernement italien, qui n'ont rien que d'acceptable (*sourires ironiques*); et je prends sur moi de dire que M. Nigra et M. Menabrea n'ont rien appris sur ce point au Gouvernement français, et que ces difficultés, pour ne pas dire ces impossibilités, lui étaient connues dès le 15 septembre.

Se retirer dans de telles circonstances, en substituant la légion d'Antibes à notre armée, et en imposant au gouvernement italien des conditions qu'il ne pouvait pas remplir, c'était substituer à une occupation permanente une occupation intermittente.

Le gouvernement qui agissait ainsi était-il de l'avis des modérés italiens, qui ajournent la prise de Rome, ou de l'avis du parti avancé, qui veut la prendre sur l'heure?

Je ne veux pas donner trop d'importance à une dépêche de M. de la Villestreux qui, cependant, a quelque intérêt, et qui pourrait faire croire que, tout en étant, comme je le présume, de l'avis des modérés, le gouvernement n'était pas trop éloigné de penser secrètement que, si les avancés italiens réussissaient, il n'y aurait pas lieu pour lui de s'en désespérer...... *Rires et mouvements divers.*)

S. Exc. M. le marquis de Moustier, *ministre des affaires étrangères.* Je proteste contre une pareille allégation !

M. Jules Simon. Je demande à vous lire cette dépêche. Je n'en tirerai que des conséquences modérées comme vous allez le voir tout à l'heure.

M. le Ministre des affaires étrangères. Encore une fois, je proteste de la manière la plus formelle contre l'allégation que vous venez de formuler.

M. Jules Simon. M. le Ministre des affaires étrangères protestant contre l'allégation que je viens de formuler, je suis tenté de ne pas lire la dépêche.

Voix nombreuses. Si ! si ! Lisez !

M. Jules Simon. C'est par déférence pour la protestation de M. le Ministre que j'hésitais à lire la dépêche ; mais si la Chambre le désire, j'en donnerai lecture et je développerai ma pensée, en avertissant d'avance que ma conjecture, — car ce n'est pas autre chose, — perd toute sa force en présence de la protestation que je viens d'entendre. (*Mouvements divers.*)

Est-ce que vous vous opposez, messieurs, à ce que je reçoive avec courtoisie une protestation de M. le Ministre des affaires étrangères?

Voix diverses. Non ! non ! — Continuez ! — Lisez ! lisez !

M. Jules Simon. — Voici donc l'observation que je faisais et qui, avant cette protestation, me donnait lieu de croire que notre gouvernement, sans être précisément de l'avis du parti avancé italien, se proposait, une fois la conquête de Rome accomplie, d'agir à l'égard de cette conquête, comme le gouvernement de l'Italie septentrionale avait agi à l'égard de la conquête de Naples qu'il avait d'abord condamnée et qu'il a ensuite acceptée avec reconnaissance. (*Très-bien! à la gauche de l'orateur.*)

Vous savez, messieurs, que dans la correspondance qui nous a été livrée, nous voyons sans cesse le Ministre des affaires étrangères français avertir le gouvernement italien des menées du parti avancé, à tel point qu'on dirait que la police de la politique en Italie est faite parfaitement par le Gouvernement français, et assez imparfaitement par le gouvernement italien.

Plusieurs membres. — C'est vrai ! c'est vrai !

M. Jules Simon. Dans chaque dépêche notre Ministre signale tous les agissements du parti de l'action, et le principal Ministre en Italie ne manque pas de répondre qu'on va prendre des mesures pour s'opposer à ce qui se prépare : cela fait, notre cabinet remercie, témoigne sa satisfaction ; ne semble-t-il pas qu'il se contente d'avertir, et que s'il a un reproche à faire à notre allié, c'est de ne pas être vigilant, non pas d'être mal intentionné ? Cependant, le 25 octobre 1867, apparaît tout à coup une dépêche de M. de la Villestreux qui, non-seulement, déclare que le gouvernement italien y met désormais de la mauvaise volonté, mais qui a un caractère rétrospectif, et fait entendre très-clairement qu'on n'a pas été dupe pendant les huit mois qui ont précédé ; que, quand on remerciait, on répondait à je ne sais quelle nécessité d'étiquette et de protocole, mais, qu'au fond, on savait parfaitement ce que faisait et ce que voulait M. Rattazzi. Vous en jugerez.

Voici la dépêche.

« M. le marquis, M. Rattazzi a voulu persister jusqu'au dernier moment dans la politique qu'il a suivie depuis son entrée au pouvoir, particulièrement depuis la prorogation du parlement et les préparatifs avoués des révolutionnaires pour attaquer le Saint-Siége. Tous ses efforts ont toujours tendu à favoriser le parti avancé... » .

S. Exc. M. Rouher, *ministre d'État*. A ménager.

M. Jules Simon. A ménager ? Je vous remercie. J'avais mal copié le mot.

M. Perras. Le texte est « ménager. »

M. Jules Simon. Je reprends.

« Tous ses efforts ont toujours tendu à ménager le parti avancé. Aussi, n'est-ce qu'avec hésitation, et contraint pour ainsi dire par l'opinion publique, qu'il avait donné l'ordre d'arrêter Garibaldi. Cette mesure recevait immédiatement l'approbation de la majorité du pays. Elle aurait pu, quoique tardive, avoir les résultats importants qu'on en attendait, si elle avait été franchement exécutée et si, par faiblesse ou par tout autre motif, le cabinet n'avait pas consenti à laisser Garibaldi libre à Caprera. »

Un membre. C'est vrai !

M. Jules Simon. Je concluais, messieurs, de cette dépêche rapprochée de dépêches précédentes, comme je le disais tout à l'heure, que le Gouvernement, en s'opposant à l'action du parti avancé n'y était pas tout à fait hostile. Mais je retire cette conclusion, et c'est uniquement sur l'injonction de la Chambre que j'ai continué ma démonstration. Je la retire avec empressement devant la protestation de M. le ministre des affaires étrangères, et je me replie sur ma première proposition qui consiste à prétendre que le Gouvernement français est dans la situation du parti modéré italien, c'est-à-dire qu'il ajourne la destruction du pouvoir pontifical, se résigne à attendre. (*Vives réclamations sur un grand nombre de bancs.*)

Messieurs, ce qui m'empêche absolument d'en douter, en dépit de vos dénégations, c'est que j'ai encore dans la mémoire les lettres lues ici, hier, à cette tribune par mon honorable ami M. Jules Favre, et qui, vous l'avouerez, ne paraissent guère favorables à la prolongation indéfinie du gouvernement temporel.

Vous direz ce que vous voudrez, mais il y a là des déclarations formelles émanées d'un homme qui a quelque autorité dans les affaires de ce monde, qui ajourne quelquefois ses résolutions, et qui, au fond, ne les abandonne jamais. (*Assentiment à la gauche de l'orateur.*)

J'ai donc mille raisons de dire que le gouvernement temporel à Rome est protégé, protégé par nos armes: qu'il l'est à ce point, qu'il ne pourrait subsister une minute sans notre protection; que cette situation précaire et dépendante est pour lui la conséquence de la révolution italienne; que tant que cette révolution subsistera il ne pourra régner que derrière nos régiments. Je demande à l'honorable M. Chesnelong ce qu'il pense d'une indépendance pareille; je lui demande à lui-même, ce qui reste de son argument uniquement fondé sur la nécessité de l'indépendance temporelle du pape. (*Mouvements divers.*)

Aussi avait-on raison de dire hier: Vous

avez deux partis à prendre, voulez-vous maintenant la papauté temporelle ?

Voix nombreuses. Oui ! oui !

M. Jules Simon. Voulez-vous la détruire ?

Les mêmes voix. Non ! non !

Membre à la gauche de l'orateur. Oui ! (*Hilarité.*)

M. Jules Simon. Si vous voulez maintenir la papauté temporelle, voici ce que vous avez à faire. (*Ah ! voyons !*)

C'est de rétablir l'Italie telle qu'elle était au moment où la papauté est devenue une principauté caduque.

M. le duc de Marmier. Qui veut la fin veut les moyens.

M. Jules Simon. Voulez-vous la détruire ? Alors faites-le franchement en la laissant tomber toute seule, n'ayez plus recours à ces guerres d'expédients, entreprises pour soutenir un pouvoir dont vous-mêmes ne voulez plus, et qui n'ont pas d'autre but dans le secret de vos pensées que de ne pas laisser dire que le pape est tombé par votre faute.

A gauche de l'orateur. C'est cela ! Très-bien !

M. Jules Simon. Oui, c'est cela ; et pour vous rappeler à une politique franche, je vous enferme dans ce dilemme : ou le pape absolu, ou le pape déchu. (*Très-bien à la gauche de l'orateur. Mouvement prolongé.*)

On pourrait dire que nous allons à Rome et que nous y soutenons le pape par un esprit de chevalerie, et pour obéir à certains principes religieux, sans lui rien demander en échange de nos durs sacrifices. Mais non. Ce n'est pas ainsi que procède la politique.

Dira-t-on que c'est au prince italien que nous portons secours ? Mais, à ne le prendre qu'au point de vue temporel, c'est le plus insignifiant et le plus impuissant des princes. C'est d'ailleurs l'ennemi, et même l'ennemi nécessaire de notre allié. Ce que nous allons servir à Rome, c'est assurément le souverain spirituel, et, par conséquent, nous lui faisons part de notre force temporelle pour qu'il nous fasse part à son tour de sa force spirituelle. L'alliance qui s'établit entre nous est bien, comme au moyen-âge, une alliance entre la crosse et le sceptre.

Or ce genre de traité existe ailleurs qu'à Rome ; l'Europe en est enveloppée et embarrassée depuis longtemps ; c'est un legs du moyen-âge qui s'appelle à Rome le pouvoir temporel et dans les États catholiques les concordats.

Je dis que c'est exactement la même chose, et que le principe de notre intervention à Rome, de notre protection demandée ou acceptée par le pape, est identique au principe des concordats. Dans les deux cas, c'est un échange de bons offices et d'autorité usurpée entre l'État et l'Église.

Messieurs, ni à Rome, ni en France, ni dans aucun pays du monde, je n'accepte cette alliance ainsi entendue du pouvoir temporel et du pouvoir spirituel. Mon opinion est que chacun d'eux doit se tenir dans sa sphère, qu'aucun d'eux n'a le droit d'intervenir dans la sphère de l'autre ; que ce sont deux choses absolument et éternellement séparées ; que chaque fois qu'on transgresse la frontière établie par la nature des choses entre le monde des consciences et le monde des intérèts matériels, on attente à cette liberté de conscience si chère a l'honorable M. Chesnelong et à nous-mêmes.

M. Buffet. Je demande la parole.

M. Jules Simon. Je dis qu'il est impossible

qu'une pareille confusion puisse exister sans un grand dommage pour les deux parties contractantes, et je demande à l'établir en quelques mots.

Savez-vous pourquoi l'idée des concordats ne paraît pas étrange à la grande masse des esprits en France ? C'est parce qu'il y a longtemps que les concordats existent, qu'on y est habitué et qu'en toutes choses les esprits légers prennent la durée pour une preuve ; mais pour juger la nature et la valeur d'un tel contrat, sans raisonnement, sans philosophie, il suffit d'écouter l'histoire. Je ne remonte pas à 1268, à 1438, aux pragmatiques sanctions de saint Louis et de Charles VII. Je prends le concordat de 1516 entre Léon X et François Ier, parce qu'il subsiste encore avec des modifications considérables qui n'en altèrent pas la nature. Je puis résumer ce concordat en deux mots.

Voici ce que donnait le pape et voici ce qu'en échange on lui donnait :

Le pape donnait au roi le droit de nommer les évêques et celui de ne laisser introduire en France aucune bulle ou écrit quelconque émané de l'autorité pontificale ou même de l'Église universelle, qu'après examen par les parlements et acceptation par le chef de l'État.

En échange de ces concessions qui comprenaient toute la hiérarchie ecclésiastique et jusqu'à un certain point le dogme religieux, le roi donnait l'intolérance civile, des priviléges, des immunités et de l'argent, immensément d'argent. Tels sont les termes du marché. Or, ni dans ce qu'ils recevaient ni dans ce qu'ils donnaient, les papes n'étaient justifiables.

Je prends d'abord le prix qu'on leur payait : la protection de la France étendue sur le pouvoir temporel à Rome, la création en France d'un ordre politique qui était le premier de l'État, des biens-fonds considérables dont le revenu à la veille de révolution dépassait 70 millions, les droits de dîme, des immunités, une intervention dans tous les actes de l'état civil. Je dis que tout cela abaissait le pouvoir du pape, au lieu de l'augmenter. (*Approbation à la gauche de l'orateur.*)

Dans les polémiques souvent passionnées, quelquefois injustes dont la religion catholique est l'objet, est-ce le dogme qu'on discute ? Presque toujours, dans les discussions religieuses, on s'incline, amis ou ennemis, devant la sublimité du dogme et de la morale de l'Évangile. Ce qu'on attaque c'est l'histoire du principat temporel, c'est le souvenir des Borgia, ce sont les guerres injustes et sanglantes, les ambitions effrénées, le népotisme, la simonie, les mœurs déréglées, les vengeances impitoyables, triste et fatal héritage, que la papauté accepte, parce qu'elle accepte en même temps des provinces.

Et si de Rome nous venons à la France et aux causes de cette agitation énorme qui a entraîné la révolution française, ce n'était pas moins contre le clergé que contre la noblesse et les priviléges exorbitants du roi qu'on s'insurgeait. Ce qui causait cette animation, c'était précisément le pouvoir temporel, c'était cette immixtion du clergé dans les affaires civiles ; c'était cette masse de capitaux qu'il engloutissait dans ses coffres, cette portion considérable du sol de la France immobilisé, rendu stérile par la main-morte. Le clergé a péri alors, par les causes mêmes que, dans son aveuglement, il regardait comme les éléments de sa force.

La colère n'est peut-être qu'assoupie, et vous

l'entendriez gronder de nouveau si, dans ces tentatives passionnées pour renouveler un passé qui ne peut plus revivre, et pour réhabiliter ce pouvoir temporel, que nous croyions destiné à disparaître sans bruit, et autour duquel vous faites maladroitement tant d'éclat (*Allons donc! Rumeurs*); vous l'entendriez, dis-je, gronder et rugir de nouveau, si vous n'arrêtiez pas le clergé dans cette voie, et si vous n'aviez pas pour lui plus de sagesse qu'il n'en a lui-même. (*Vives réclamations.*)

A la gauche de l'orateur. Très-bien! très-bien!

M. Jules Simon. Voilà les tristes présents que le pontife a reçus. Quant à ce qu'on lui donne, messieurs, je l'avoue, j'ai toujours été surpris que ces deux concessions énormes aient pu être faites, qu'elles aient pu être acceptées, qu'elles aient duré si longtemps : la concession de la nomination du personnel et la concession d'une sorte de droit d'exsequatur sur les dogmes.

Prenons pour exemple le concile de Trente, le dernier concile œcuménique de l'Église ; vous savez qu'après sa promulgation il a été discuté en France dans les conseils du roi et dans les parlements ; une portion a été acceptée, une autre a été rejetée. Quoi donc! voilà un corps de laïques, comme le parlement de Paris, qui s'en vient, après les évêques, après les docteurs en théologie, après l'approbation du pape, discuter un décret du concile! qui met en délibération s'il sera exécuté ou non! qui décide qu'il ne le sera pas, et les catholiques se taisent!

Je ne comprends pas non plus une tolérance pareille pour la nomination des évêques. Qu'est-ce qu'un évêque dans la pensée des catholiques? vous le savez, messieurs; et comprenez-vous qu'étant ce qu'ils sont, ils puissent être nommés par un ministre des cultes? Je sais bien que, quand les concordats ont été faits, on pensait qu'il s'agissait d'un ministre choisi par le fils aîné de l'Église, que le roi de France serait toujours catholique, que le ministre serait toujours catholique et le plus souvent évêque.

Mais, enfin, les temps ont marché, et nous avons vu sur le chandelier des ministres qui n'étaient guère orthodoxes, soumis à des princes dont l'incrédulité n'était un mystère pour personne. Permettez-moi une comparaison. Quand l'Assemblée constituante a tenté cette folle entreprise de la constitution civile du clergé, elle a fait nommer les évêques par les électeurs chargés d'élire l'assemblée départementale. C'est assurément une conception absurde, car enfin où est la capacité de ces électeurs? ils peuvent être protestants, ils peuvent être juifs, ils peuvent être libres penseurs. — Justement, quelques jours avant la promulgation de la constitution civile du clergé on avait donné les droits électoraux aux protestants et aux juifs. — Eh bien! je dis que les pasteurs de l'Église catholique élus par le suffrage universel d'assemblées pareilles, ne sont pas un spectacle moins étrange que ces mêmes pasteurs nommés par un laïque, peut-être par un protestant, peut-être par un incrédule, qu'on transforme en juge de la foi, et qui est bon tout au plus à nommer des fonctionnaires. (*Approbation sur plusieurs bancs.*)

Certes, messieurs, je n'ignore pas que le concordat dont je viens de parler a été résumé par Pithou d'abord, et ensuite par Bossuet, dans cet ensemble de doctrines qui ont constitué l'Église gallicane; qu'en rejetant le principe même du partage d'autorité entre les deux pouvoirs, je soutiens une thèse qui m'est commune avec les ultramontains; que j'attaque l'Église gallicane, si féconde en grands hommes et en glorieux souvenirs. Mais je me rappelle en même temps que le monde a marché; je crois que les Bossuet et les Pithou se sont trompés avec des intentions droites, et qu'il ne peut rien sortir de cette alliance hybride entre le pouvoir temporel et le pouvoir spirituel qui ne soit fatal à la fois au pays et à la religion.

On l'a bien vu en 1801; en vérité je peux bien rappeler ici le souvenir du premier empire; c'est une histoire que vous pouvez regretter, mais que vous n'avez pas le droit de répudier.

Eh! bien, en 1801, le traité de 1516 a été remanié dans des conditions particulièrement fâcheuses pour le pouvoir spirituel. Le pape était alors en détresse. Au dehors, vous savez quelle était la situation. En France, quoique l'Église catholique y subsistât et que ce soit une erreur historique de prétendre que le premier Consul l'a ramenée, il est certain que c'est lui qui lui a donné de nouveau une existence officielle par le concordat de 1801, et qu'à cette époque, comme aujourd'hui, l'Église eut le tort de ne pas comprendre qu'un concordat est pour elle, non une force, mais une faiblesse. Elle subit avec résignation la loi du vainqueur, qui se montra sans pitié. Il lui imposa la dure condition de déposer les évêques réfractaires et d'amnistier les évêques constitutionnels.

Or, qu'était-ce que les évêques réfractaires et qu'était-ce que les évêques constitutionnels? (*Léger bruit.*)

Quelques membres. A la question!

M. Jules Simon. Je suis dans la question

même. Je n'hésite pas à le dire, les évêques réfractaires étaient les vrais fidèles. Ils avaient refusé un serment contraire à leur foi; ils étaient restés dans la communion de l'Église; ils avaient obéi au pape et désobéi aux ordres de l'assemblée révolutionnaire, si étrangement transformée en concile; ils avaient affronté la mort et subi courageusement un long exil, et c'est au moment où ils s'apprêtaient à rentrer dans leurs diocèses, que le pape leur disait: « Je serai aussi dur pour vous que la révolution. Je vous ôterai jusqu'à l'autorité spirituelle dont la république n'a pu vous dépouiller; je vous punirai de votre fidélité, pour obtenir les faveurs du nouveau prince, et je recevrai les intrus à votre place, dans vos diocèses et dans l'Église. Ainsi le veut la logique du concordat! » (*Approbation sur plusieurs bancs.*)

M. Thiers. Je demande la parole. (*Mouvement.*)

M. Jules Simon. Et ce n'est pas tout; quand ensuite il fut question de pourvoir aux nouveaux siéges, le Gouvernement exigea qu'un certain nombre d'évêques constitutionnels fussent appelés, non pas après avoir confessé leur erreur et obtenu leur pardon, mais à titre d'évêques constitutionnels, et en vertu de l'élection faite par les électeurs de départements.

Vous savez que, dans le même temps, le pape était obligé de subir les articles organiques, délibérés seulement en conseil d'État, sans le concours de son légat, à son insu, comme s'il était fait pour recevoir la loi d'un maître. On aggravait le fardeau, et on en diminuait le prix. Le titre de religion d'État, si cher à l'Église, disparaissait des Constitutions de l'Empire. La religion catholique n'était plus officiellement que la religion de la majorité. L'Église, sur ce point capital, était définitivement battue par la Révolution. En condamnant la religion d'État, on condamnait du même coup les brûlements, les prescriptions, les dragonnades, la censure, les incapacités politiques et civiles ; le principe de la liberté de conscience triomphait. L'Empereur, à son sacre, prêta le serment de le défendre. Il faut entendre les lamentations que cette partie du serment de l'Empereur inspira au cardinal Gonsalvi, alors nonce du saint-siége en France, qui écrivit la lettre que je vais vous lire au cardinal Caprara, le 5 juin 1804 :

« Respecter et faire respecter la liberté des cultes suppose l'engagement, non de tolérer et de permettre, mais de soutenir et de protéger, et s'étend non-seulement aux personnes, mais à la chose, c'est-à-dire à tous les cultes. Or un catholique ne peut protéger l'erreur des faux cultes. »

Je n'insiste pas sur ce qui suivit ; vous connaissez, messieurs, l'histoire du divorce ; vous vous rappelez la bulle du 10 juin 1809, et surtout le sénatus-consulte du 17 février 1810, qui détruisit une première fois le pouvoir temporel, et je pense qu'on ne l'a pas non plus oublié à Rome : quelque temps après, le pape était prisonnier à Fontainebleau. Voilà ce que lui avaient rapporté ses avances à la force.

J'ai cité ces faits, messieurs, pour montrer qu'il n'y a pas d'indépendance du pape dans cette situation de souverain protégé, faisant une alliance avec le pouvoir temporel pour lui accorder des droits spirituels en échange d'une partie de sa force. Voilà la liberté d'un souverain protégé ! Voilà cette indépendance nécessaire à la liberté de conscience des catholiques ! Non, non ; le concordat est et ne peut être qu'une abdication déguisée du pouvoir spirituel ; et je le soutiendrai toujours, à moins qu'on ne dise qu'il y a une raison au monde qui explique aux catholiques comment ils ne nomment pas leurs évêques, et comment les décisions de l'Église universelle ne peuvent arriver à eux qu'à travers un conseil d'État qui a le droit de les arrêter au passage. (*Très-bien ! très-bien ! sur plusieurs bancs, à la gauche de l'orateur.*)

Tout de même que je disais tout à l'heure qu'il n'y avait d'autre situation pour le Gouvernement dans la question politique que de restaurer l'ancienne Italie, de remettre le Pape dans les conditions où il était avant notre première campagne, et de lui donner ainsi des chances de durée, ou d'accepter résolûment sa déchéance, de même je dis qu'il n'y a de choix pour les catholiques qu'entre ces deux conditions : ou bien répudier toute alliance avec le pouvoir temporel qui leur impose des concessions si contraires à l'essence de la religion, ou bien avouer que la religion n'est plus à leurs yeux qu'un moyen de police. (*Rumeurs diverses.*)

Quant à nous, en présence de cette situation, nous n'avons qu'une déclaration à faire aux catholiques :

Ou nous vous défendrons, en vertu de la liberté, si vous êtes une doctrine ; ou nous vous attaquerons, en vertu de la liberté, si vous êtes un pouvoir.

Ainsi, plus d'alliance possible entre le pouvoir temporel et le pouvoir spirituel : le temps des compromis est passé. Le pouvoir spirituel ne peut vivre désormais qu'au nom de la liberté et en l'invoquant : s'il l'invoque, il a toute la force que lui donne la vérité qu'il peut contenir ; s'il ne l'invoque pas, il devient l'ennemi des principes sur lesquels la civilisation moderne repose, et à ce titre nous ne pouvons plus être nous-mêmes que ses ennemis. (*Approbation à la gauche de l'orateur.*)

Cette doctrine a été promulguée en Italie au commencement même de la révolution par un homme qui, grâce peut-être à son intelligence supérieure, et peut-être parce que, étant plus près du gouvernement pontifical, il voyait d'une façon plus nette que nous ne pouvons le voir à distance et avec notre caractère français, comment ce gouvernement agit sur les esprits, par un homme, dis-je, qui a compris qu'il ne s'agissait pas seulement du pouvoir temporel à Rome, mais qu'il s'agissait du pouvoir temporel dans le monde entier, et que la question du principat romain et celle des concordats n'étaient pas deux questions, mais une question unique.

Le comte de Cavour a formulé sa doctrine de séparation absolue et définitive dans ces mots demeurés célèbres : « L'Eglise libre dans l'État libre. » C'est la vérité !

M. Paul Bethmont. Certainement !

M. Jules Simon. Pour que la formule soit plus complète, comme il ne s'agit pas d'une Église, mais de toutes, nous dirons : Les Églises libres dans l'État libre. (*Approbation à la gauche de l'orateur.*)

Voilà ce que nous désirons, ce que nous demandons; voilà ce que veulent en France tous ceux qui appartiennent au progrès et à la liberté; voilà ce qui leur a rendu si pénible l'expédition que vous avez faite dernièrement, et voilà pourquoi, quand ils ont vu dans cette expédition romaine couler le sang français et s'épuiser l'or de la France, ils se sont demandé si c'était pour rentrer dans le régime des concordats, si c'était pour revenir à cette doctrine qui était déjà arriérée en 1516, qui est comme un outrage aux principes de 89, comme un défi jeté au progrès et à la civilisation ; si c'était pour prendre comme alliés tous ceux qui réclament le retour du moyen âge... (*Oh! oh!*), qui invoquent le droit divin et la légitimité (*assentiment à la gauche de l'orateur*) ; si c'était pour avoir des alliés en Autriche, pour en chercher parmi les princes déchus, pour être infidèles au dogme de la liberté de conscience, que vous avez pris une portion de notre brave armée pour l'envoyer combattre et mourir sous le drapeau pontifical. (*Exclamations sur un grand nombre de bancs. — Très-bien! très-bien! à la gauche de l'orateur.*)

Maintenant je ne me dissimule pas qu'il y ait de graves objections au régime de la séparation absolue de l'Église et de l'État (*Ah! ah!*). J'ai cru pouvoir les réduire à trois principales, après un examen approfondi ; je ne dis pas, tant s'en faut, qu'elles soient les seules.

Voici ces trois objections.

Plusieurs membres. Reposez-vous !

M. Jules Simon. Je vous remercie. Je n'ai pas besoin de me reposer, parce que je n'ai que quelques mots à ajouter. Mais je suis en effet fatigué, et il ne fallait rien moins que le sentiment du devoir pour m'obliger à parler si long-temps dans l'état de santé où je me trouve encore.

Plusieurs membres. Reposez-vous ! reposez-vous !

M. le président Schneider. L'orateur va interrompre son discours pendant quelques minutes seulement.

(La séance reste suspendue pendant dix minutes.

Elle est reprise à quatre heures et demie.)

M. le président Schneider. La parole est à M. Jules Simon pour continuer son discours.

M. Jules Simon. Ce ne sont pas seulement, messieurs, ceux qui partagent sur tous les points mon avis qui condamnent, comme je le fais, le système des concordats.

Voici un passage que j'allais vous lire au moment où on a eu l'obligeance de me proposer de prendre un peu de repos.

L'auteur n'est pas précisément un philosophe de mon école. Il parle du concordat :

« Toutes les sectes religieuses sont venues se soumettre au joug dégradant de cette nouvelle idolâtrie, et pour que rien ne manquât en France à cette conjuration de la matière contre l'esprit, de la terre contre le ciel, le judaïsme lui-même est venu le dernier, il est vrai, mais enfin il est venu recevoir honteusement des mains du pouvoir civil son organisation tout entière et reconnaître pour son plus grand pontife, c'est-à-dire pour le supérieur unique de son plus grand rabbin, le ministre des cultes, quel qu'il puisse être. »

M. Emile Ollivier. Qui disait cela ?

M. Jules Simon. C'est une phrase extraite des *Cas de conscience* de Mgr Parisis, alors évêque de Langres, et qui est mort depuis archevêque d'Arras. Cette phrase se trouve à la page 48 de son livre.

C'est un juste jugement sur les concordats, et, par une conséquence nécessaire, sur le pouvoir temporel.

Quand on a prononcé des paroles aussi graves que celles par lesquelles je terminais tout à l'heure en disant que la doctrine à laquelle j'appartiens est la doctrine de la séparation complète du temporel et du spirituel selon la formule de M. de Cavour : « L'Église libre dans l'État libre, » avec cette seule modification : « les églises libres dans l'État libre, » on ne peut se dissimuler qu'une pareille doctrine appelle en grand nombre les objections : j'en veux signaler trois, sans y insister ; les voici :

La première, c'est que les concordats et la portion d'intolérance qu'ils renferment encore ne nous gênent plus guère aujourd'hui, et que la tolérance a fait tant de progrès qu'on peut la considérer comme complète ; la seconde, c'est que si l'Église se sépare absolument du pouvoir temporel, elle n'aura plus en elle-même des éléments suffisants de puissance et de durée ; et, la troisième, qui est tout l'opposé de la seconde, c'est que l'Église ainsi séparée de l'État devient trop forte pour que les gouvernements et les peuples puissent la supporter.

De ces trois objections, la première est la plus redoutable. Quand il y a quelques années, j'ai fait une campagne en faveur de la liberté de conscience, l'objection que je rencontrais partout, était celle-ci : que nous avions assez de liberté, que personne ne souffrait réellement de ce qui nous manquait, et que nous faisions une agitation inutile.

Le plus grand malheur qui puisse arriver à ceux qui revendiquent une liberté, c'est d'être en présence de gens qui n'en sentent pas le défaut et qui répondent à vos plaintes par l'indifférence.

J'aime mieux avoir devant moi des passions hostiles, parce qu'alors on peut lutter : mais devant l'indifférence, on se sent soi-même envahi par une sorte de désespérance et de dégoût de sa tâche.

M. Jules Favre. Très-bien !

M. Jules Simon. Je m'empresse de le reconnaître, il n'est plus question en France, de ce genre d'intolérance qui a tant contribué à la Révolution française et qui est vaincu pour jamais. Mais ce qu'on ne peut pas me nier non plus, c'est qu'il existe encore des difficultés pour enseigner, par le livre et par la parole, quand on a des opinions opposées aux dogmes de l'église catholique. C'est un fait et un fait parfaitement incontestable que nous ne jouissons pas, soit pour les livres soit pour la parole, de la pleine et entière liberté nécessaire à l'expansion de la pensée. Pour moi, messieurs, quand même sur tous les points mes opinions seraient d'accord avec le dogme et la morale de l'Église catholique, je n'en supporterais pas moins amèrement que des interdictions fussent prononcées contre des opinions contraires aux miennes. J'y verrais une offense à ma dignité, un attentat contre la sainteté de mes croyances. La science est quelque chose d'entier, de sacré. (*Très-bien ! à la gauche de l'orateur*). Il faut qu'elle puisse se développer dans la plénitude de sa force avec la plus complète indépendance, il faut que l'esprit puisse y vivre et s'y mouvoir librement ; il le faut pour que la science soit forte, pour qu'elle soit sérieuse, pour qu'elle soit sainte ; il le faut pour qu'elle soit efficace. Toute restriction apportée à sa recherche et à sa propagation, même quand elle a l'air de profiter à la vérité, lui est contraire. (*Très-bien ! à la gauche de l'orateur.*)

Je voudrais qu'un prêtre de l'Église catholique prît en main cette thèse et vînt nous dire que, par respect pour le dogme catholique, il demande qu'on efface de nos lois tout ce qui le protége ; que désormais la vérité qu'il est chargé d'enseigner ne doit être appuyée que sur sa propre force. Quand il s'agit de science et de conscience, c'est à la raison et à elle seule, c'est à la persuasion qu'il faut en appeler ; toute protection n'est qu'une honte et un obstacle. (*Marques d'approbation à la gauche de l'orateur*). Arrière cette indifférence servile, qui n'a peur que des supplices sanglants, et ne comprend pas ce que coûte le silence à une conviction ardente ! Nous n'aurons plus rien à demander en faveur de la liberté de conscience le jour où il n'y aura plus dans nos constitutions et dans nos lois une seule gêne imposée à la pensée, le jour où les religions ne seront plus protégées, comme les dynasties, par des tribunaux correctionnels et des cours d'assises. (*Très-bien ! à la gauche de l'orateur*).

Quant à ce que nous coûtent les restes de l'intolérance à Rome, ils nous coûtent en vérité bien cher : ils nous coûtent le sang de nos soldats, ils nous coûtent l'argent de notre Trésor ; ils nous coûtent le regret de défendre une cause qui n'est pas la nôtre, le regret de combattre contre nos alliés et de défendre les alliés de nos ennemis ; ils nous coûtent de voir la France engagée dans des guerres où elle pourrait ne pas rencontrer ce que, grâce à Dieu, nos armées sont accoutumées à rencontrer sur tous les champs de bataille. (*Mouvement.*)

Quand nous avons vu dernièrement commencer cette triste expédition de Rome, ce n'est pas nous, membres de l'opposition, c'est le pays tout entier qui a frémi. (*Vives réclamations sur quelques bancs*).

Vous le niez, messieurs, avez-vous la mémoire si courte? Ne vous souvenez-vous pas qu'il y a quelques mois tout le pays croyait à une guerre contre la Prusse? Je n'ai pas partagé ces alarmes; je n'ai jamais cru la guerre imminente; mais le Gouvernement l'a cru, puisqu'il n'a pas craint de nous demander une armée de 1,200,000 hommes.

Quoi! Vous craigniez la guerre au Nord, et vous mettiez notre armée au service du pape, au risque de précipiter la collision, et d'être attaqués à la fois aux deux extrémités de l'Europe! Ne savez-vous donc pas ce qui fait la force des armées? Ce qui fait les armées invincibles, ce n'est pas le nombre, ce ne sont pas 1,200,000 hommes, ce n'est pas même l'énergie et l'ardeur des soldats, ce n'est pas le fusil Chassepot. (*Exclamations*). C'est le drapeau, c'est l'idée, c'est le cœur du soldat au moment de la bataille, c'est le sentiment de défendre la liberté et les destinées de la France. (*Vive approbation à la gauche de l'orateur*).

Assurément nous pouvions, avec une faible armée, affronter toutes les forces de l'Europe, quand les guerres étaient nationales; mais je ne serais pas aussi tranquille pour une guerre qui commencerait par une lutte en faveur de la papauté et dont la papauté aurait été l'origine, parce que je ne saurais pas si le cœur de la France serait avec nous. (*Oh! oh! — Rumeurs diverses.*)

Voilà ce que je voulais dire sur la première objection.

Quant à celle qui consiste à soutenir que le gouvernement spirituel des âmes a besoin de l'intervention de la force pour être ce qu'il doit être, je ne veux pas y insister. L'honorable M. Chesnelong en a parlé lui-même, tout à l'heure, avec une sorte de dédain. Il n'est pas permis à une Église qui se dit éternelle d'attacher sa destinée à la possession d'un lambeau de terre qui diminue tous les jours, qui ne lui appartient plus qu'à titre temporaire, qui tout à l'heure ne lui appartiendra pas. Est-il possible qu'elle n'ouvre pas les yeux en présence de cette éventualité menaçante, que ses meilleurs amis ne peuvent pas ne pas voir, en sachant que la dépossession va venir; est-il possible qu'elle parle encore à la dernière heure de ces droits à demi disparus comme d'une nécessité de la foi !

Je ne veux pas accepter de pareilles raisons : je ne veux pas entendre dire, par exemple, que la durée du clergé catholique tient à la possession de cette portion de notre budget que nous lui donnons. Je ne l'admets pas, par respect pour ceux que je combats en ce moment.

Je serais bien plus frappé de la dernière objection. Oui, si le pape abandonnait le pouvoir temporel, il deviendrait très-puissant, tellement puissant qu'il pourrait nous faire tous trembler. *(Mouvement.)*

Cette objection est grave.

Oui, je le dis parce que je le crois : si le pape, qui, à cette heure, est à la fois le chef spirituel de l'Église catholique et le prince malheureux.....

M. Granier de Cassagnac. Pourquoi malheureux ?

M. Jules Simon... D'un petit État de l'Italie, l'allié par des concordats de la France, de l'Espagne, de l'Autriche, de la Bavière ; s'il venait à prendre cette résolution héroïque de déchirer lui-même les traités qui le lient à la puissance temporelle, s'il sortait du Vatican, laissant là ses splendeurs et abandonnant la garde qui l'environne et les ambassadeurs que les puissances catholiques entretiennent auprès de lui, s'il venait dans le monde comme un apôtre, avec la simplicité d'un chef de doctrine qui n'a plus autre chose à soutenir que la vérité de sa foi, qui ne demande rien que le droit de convaincre les âmes et d'opérer leur salut, je crois qu'il serait alors, non pas une des plus grandes forces du monde, mais, je le dis sans difficulté, la plus grande force que le XIX⁰ siècle puisse voir ; je crois que nos prêtres affranchis, n'invoquant plus que la vérité éternelle, et faisant en conscience leur métier d'apôtres sans rien accepter de personne, feraient un apostolat d'une force redoutable ; je le crois, je le sais ! (*Approbation à la gauche de l'orateur.*)

Et malgré cela, je consens dès à présent à la séparation du pouvoir temporel et du pouvoir spirituel, je la veux parce que je crois à la vertu de propagation de la liberté ; parce que je suis convaincu que si cette grande affranchie était dans le monde, c'est-à-dire si la religion catholique jouissait de la plénitude de ses droits, aussitôt la nécessité d'affranchir absolument la pensée se ferait jour, et qu'il n'y aurait plus d'entraves ni pour la parole parlée, ni pour la parole écrite. Je la veux, parce que la liberté de l'Église catholique serait le commencement de la liberté totale ; je la veux, parce que du moment où nous aurions la liberté totale, maîtres de discuter et d'enseigner sans entraves, nous rendrions à la vérité sa toute-puissance. Celui-là n'a pas la foi qui n'invoque pas la liberté. Pour moi, c'est parce que je suis animé par une foi profonde, que je n'ai jamais abandonnée et que je n'abandonnerai jamais, c'est parce que j'y crois fermement et que je donnerais jusqu'à ma vie pour elle, que je demande la liberté, la liberté totale, quand on devrait la donner d'abord à mes adversaires. Tel est mon vœu et tel sera mon vœu jusqu'à mon dernier soupir. (*Vive approbation à la gauche de l'orateur. — L'honorable M. Jules Simon reçoit les félicitations de ceux de ses collègues au milieu desquels il siége.*)

VERSAILLES. — IMPRIMERIE CERF, 59, RUE DU PLESSIS.

OUVRAGES DE M. JULES SIMON.

Le Devoir, 1 vol. in-8º.... .... 6 fr.

La Religion naturelle, 1 vol. in-8º....... 6

La Liberté, 2 vol. in-8º................ 12

L'Ouvrière, 1 vol. in-8º.:............... 6

L'Ecole, 1 vol. in-8º.... 6

Le Travail, 1 vol. in-8º................. 6

L'ouvrier de huit ans, 1 vol. in-8º....... 5

Éditions grand in-18 jésus à 3 fr. 50 c. le volume :

Le Devoir, 1 vol.

La Religion naturelle, 1 vol.

La Liberté politique, 1 vol.

La Liberté civile, 1 vol.

La Liberté de conscience, 1 vol.

L'Ouvrière, 1 vol.

L'Ecole, 1 vol.

Le Travail, 1 vol.

L'ouvrier de huit ans, 1 vol.

Sous presse :

La Politique radicale, 1 vol. in-8.

Versailles. — Imprimerie CERF, 59, rue du Plessis.